특별한 능력을 지닌 식물들을 소개합니다

식물들의 슈퍼 파워

솔레다드 로메로 마리뇨 글 | 소니아 풀리도 그림 | 조은영 옮김

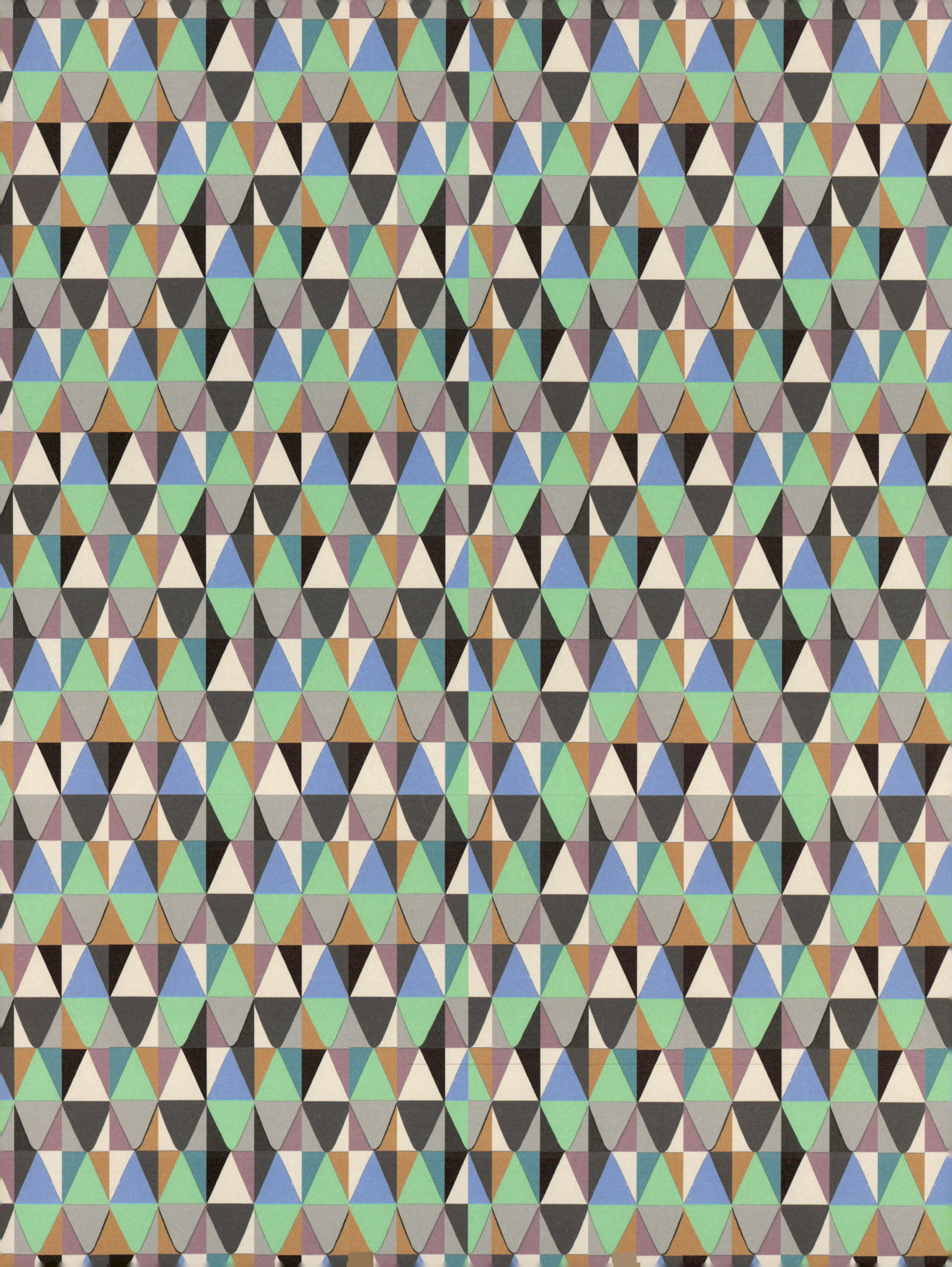

식물의 힘

동물이 지구에 등장하기 아주 오래전부터 이 땅에는 식물이 살았어요.

수억 년 동안 소행성 충돌, 대량 멸종, 극한의 날씨 변화를 거치면서도 식물은 지구에서 소리 없이, 그러나 끈질기게 적응하고 진화하면서 살아왔지요. 오랜 시간 작은 변화를 거듭한 끝에 식물의 왕국에는 슈퍼 파워를 갖게 된 최강 히어로들이 나타났어요. 엄청난 초능력을 갖춘 식물들이 여러분 주위에 살고 있지요.

지금까지 지구에서 이름이 붙여진 식물은 약 35만 종이에요. 시간이 지나면서 사라진 식물도 있지만 많은 식물이 이 놀라운 힘을 이용해 척박한 환경에서 살아남았고 또 잘 살아가고 있답니다. 그 식물들은 높은 산꼭대기, 깊은 열대 우림, 메마른 사막의 모래 언덕, 바다의 파도 아래, 심지어 여러분이 사는 동네의 공원이나 뒷마당에도 있어요. 하지만 어딘가에 숨어서 우리가 발견하길 기다리는 식물들은 더 많답니다.

이 책에는 세상에서 가장 큰 식물부터 가장 작은 식물까지, 가장 빠른 식물부터 가장 느린 식물까지, 가장 영리한 식물부터 가장 지독한 냄새를 풍기는 식물까지, 이 지구를 지배하는 초록초록한 절대 강자들이 소개되어 있어요. 그럼, 바로 만나 볼까요?

차례

12
파리지옥
동물을 잡아먹는
아름답고 무시무시한 식물

VENUS FLYTRAP

14
바오바브나무
물구나무를 선
전설의 나무

AFRICAN BAOBAB

24
세쿼이아
숲속에 우뚝 솟은 거인

COAST REDWOOD

26
패션프루트
우림을 장식하는
색색의 덩굴

PASSION FRUIT

28
시체꽃
썩은 내로 곤충을
유혹하는 꽃

TITAN ARUM

30
히드노라
수시로 행방불명되는
식물

JACKAL FOOD

40
유럽밤나무
따가운 밤송이에서
달콤한 열매가 열리는 나무

SWEET CHESTNUT

42
협죽도
독을 품은 공포의 식물

OLEANDER

44
미모사
열대 우림에서 벌어진
완벽한 공연의 주인공

SENSITIVE PLANT

46
샌드박스
다이너마이트의 폭발력을
자랑하는 나무

SANDBOX

16	18	20	22
보검선인장	**넵튠그래스**	**연꽃**	**해바라기**
가시 돋친 무자비한 침입자	기후 변화와 싸우는 바다의 전사	진흙에서 올라온 찬란한 보석	태양의 길을 따라가는 꽃
PRICKLY PEAR	NEPTUNE GRASS	SACRED LOTUS	SUNFLOWER

32	34	36	38
산하엽	**교살자무화과**	**얼룩거미난초**	**서양민들레**
마법에 걸린 신비한 꽃	보아뱀 나무	가짜 타란툴라	낙하산을 타고 하늘로 날아오르는 씨앗
SKELETON FLOWER	STRANGLER FIG	SPOTTED SPIDER ORCHID	DANDELION

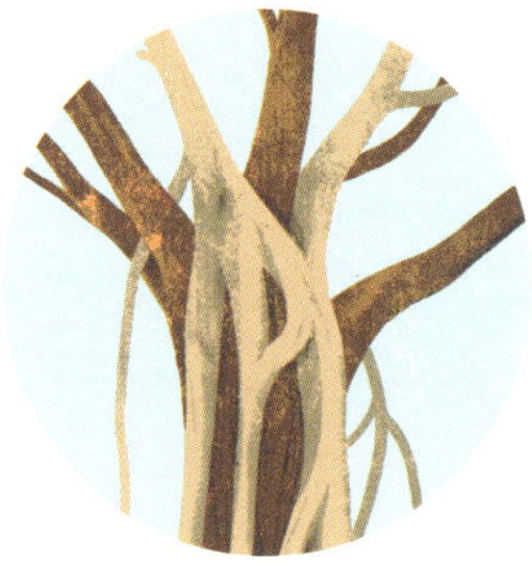

48	50	52	54
휘파람가시나무	**북미사시나무**	**웰위치아**	**분개구리밥**
사바나의 노래하는 나무	거대한 숲이 된 나무	살아 있는 화석	작지만 강력한 번식가

WHISTLING THORN

QUAKING ASPEN

WELWITSCHIA

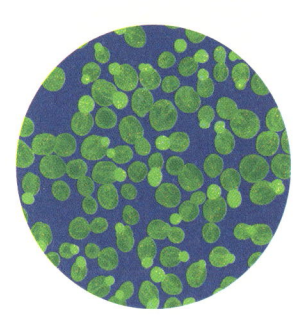
LEAST DUCKWEED

슈퍼 파워

햇빛을 향해 높이높이 자라기 위해서, 씨를 멀리멀리 퍼트리기 위해서, 천적을 물리치고 꽃가루 전달자를 불러오려고, 식물은 저마다 자기에게 필요한 슈퍼 파워를 키워 왔어요. 동물을 흉내 내는 재주, 무시무시한 독성 물질, 엄청난 스피드와 상상을 초월하는 회복력까지, 식물이 하지 못할 일은 없답니다.
그럼 식물들에게 어떤 슈퍼 파워가 있는지 살펴볼까요?

슈퍼 이동 능력

어떤 식물은 타고난 탐험가예요. 바위를 기어오르고 물 위를 떠다니고 씨를 공중으로 날려 보내죠. 이렇게 이동 능력이 뛰어난 식물은 주변의 땅을 모조리 차지해 버린답니다.

**서양민들레 | 분개구리밥
패션프루트 | 북미사시나무
교살자무화과 | 해바라기**

슈퍼 스피드

식물이 움직이는 모습을 본 사람은 별로 없을 거예요. 하지만 어떤 식물은 하늘을 향해 놀라운 속도로 씨를 쏘아 올리거나 번개처럼 빨리 잎을 닫거나 엄청난 속도로 멀리 뻗어 나가요.

**분개구리밥 | 패션프루트
샌드박스 | 미모사 | 해바라기
시체꽃 | 파리지옥**

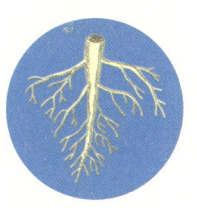

슈퍼 뿌리

어떤 식물의 뿌리는 사막의 건조한 모래땅에서도 물을 찾고 파도가 치는 바다 밑바닥에 식물을 고정시키고 숲의 지붕으로 누구보다 더 높이 식물을 올려 보내 준답니다.

**바오바브나무 | 히드노라
넵튠그래스 | 북미사시나무
얼룩거미난초 | 웰위치아**

슈퍼 협동 능력

많은 식물이 함께 일해요. 다른 식물은 물론이고 동물과 협동하는 식물도 있어요. 혼자일 때보다 더 어려운 일을 해내고 그만큼 얻는 것도 더 많답니다.

**분개구리밥 | 넵튠그래스
북미사시나무 | 교살자무화과
웰위치아 | 휘파람가시나무**

슈퍼 줄기

어떤 나무의 줄기는 아주 높게도, 아주 굵게도 자라고, 엄청난 양의 물을 저장하거나 산불로부터 식물을 보호하고 또 식물을 먹으려고 다가오는 반갑지 않은 손님들을 물리쳐요.

**바오바브나무 | 세쿼이아
유럽밤나무**

슈퍼 모방 능력

어떤 식물은 속임수가 매우 뛰어나요. 꽃가루 전달자들을 꾀어내려고 다른 생물의 모양은 물론이고 냄새까지도 흉내 낸답니다.

얼룩거미난초 | 시체꽃

슈퍼 번식력

산불이 모든 것을 태워 버린 숲에서 다시 풀과 나무가 자라고, 씨가 아니더라도 자신을 복제하여 퍼트리는 것까지, 어떤 식물은 남다른 재생 능력으로 많은 역경을 이겨 내며 다시 돌아와요.

세쿼이아 | 보검선인장 | 북미사시나무

슈퍼 감각 기관

어떤 식물은 접촉했을 때 민감하게 반응해요. 이런 특별한 능력으로 자기를 방어하는 식물도 있고, 치명적인 공격 무기로 사용하는 식물도 있어요.

미모사 | 파리지옥

슈퍼 씨앗

식물의 씨에는 미래의 생명체가 들어 있어요. 그래서 식물의 가장 소중한 보물이지요. 새로운 장소에서 식물이 자라려면 씨를 멀리 퍼트려야 해요. 기발한 방식으로 씨를 옮기는 식물들이 많답니다.

**세쿼이아 | 서양민들레
패션프루트 | 연꽃 | 해바라기**

슈퍼 방어 능력

가시와 치명적인 독, 사나운 개미 군대까지, 많은 식물이 자기를 지키는 확실한 기술을 갖고 있어요.

**보검선인장 | 샌드박스
유럽밤나무 | 휘파람가시나무**

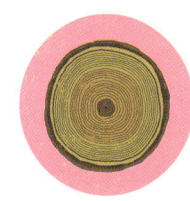
슈퍼 수명

어떤 식물은 자기가 사는 환경에 완벽하게 적응했어요. 그래서 죽지 않고 영원히 살 것처럼 보이지요.

**바오바브나무 | 세쿼이아 | 넵튠그래스
북미사시나무 | 유럽밤나무 | 시체꽃
웰위치아**

슈퍼 물질

특별한 화학 물질을 만드는 식물이 있어요. 그것으로 꽃가루 전달자를 불러오고 적을 물리치고 심지어 다른 식물과 소통도 해요.

**히드노라 | 협죽도 | 교살자무화과
파리지옥 | 휘파람가시나무**

슈퍼 열매

어떤 열매는 맛이 있고 어떤 열매는 가시가 있고 어떤 열매는 물에 떠다니고 어떤 열매는 폭발하기까지 해요. 하지만 모두 열매 안에 들어 있는 귀중한 씨를 보호하고 되도록 멀리 퍼트려야 하는 똑같은 임무를 지니고 있답니다.

**바오바브나무 | 넵튠그래스
패션프루트 | 보검선인장 | 샌드박스
유럽밤나무**

슈퍼 인내력

치솟는 기온이든, 물 부족과 가뭄이든, 이 세상의 많은 식물이 극한의 환경에서도 어려움을 견뎌 내며 끝까지 버틴답니다.

**바오바브나무 | 세쿼이아 | 히드노라
협죽도 | 보검선인장 | 연꽃 | 샌드박스
미모사 | 산하엽 | 웰위치아
휘파람가시나무**

슈퍼 꽃

식물의 꽃은 눈에 띄는 아름다운 모습으로 꽃가루받이에 필요한 가장 큰일을 도맡아 해요. 꽃의 색깔, 모양, 향기를 활용해서 꽃가루를 전달해 줄 곤충들을 불러오거든요.

**바오바브나무 | 서양민들레 | 히드노라
협죽도 | 패션프루트 | 연꽃 | 산하엽
얼룩거미난초 | 교살자무화과 | 해바라기
유럽밤나무 | 시체꽃**

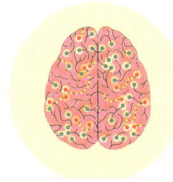
슈퍼 지능

어떤 식물은 대단히 똑똑해요. 꽃의 온도를 조절할 줄 알고, 다른 식물로부터 음식과 물을 가져다 쓰는 법도 알지요. 살아남기 위해 기발한 전략을 발달시킨 식물이 아주 많답니다.

**히드노라 | 분개구리밥 | 넵튠그래스
협죽도 | 연꽃 | 미모사 | 교살자무화과
파리지옥 | 웰위치아**

슈퍼 잎

어떤 식물은 잎으로 곤충을 사냥하고 어떤 식물의 잎은 엄청난 크기로 자라요. 하지만 식물의 잎이 지닌 가장 위대한 슈퍼 파워가 있어요. 바로 햇빛으로 영양분을 만드는 광합성이라는 능력이에요. 지구상의 거의 모든 식물의 잎이 광합성을 해요.

**서양민들레 | 넵튠그래스 | 연꽃
파리지옥 | 웰위치아**

초능력 단계:
★★★☆☆

파리지옥

동물을 잡아먹는 아름답고 무시무시한 식물

예쁘장하지만 죽음을 부르는 이 식물은 신기한 생김새로 순진한 곤충을 꾀어내요.
먹잇감이 앉자마자 잎을 절반으로 접어서 함정에 가두지요.
날벌레는 물론이고 거미, 딱정벌레, 심지어 작은 개구리까지
이 식충 식물의 점심 도시락이 되고 말아요.

학명:
디오나이아 무스키풀라
Dionaea muscipula

문: 속씨식물문
목: 석죽목
과: 끈끈이귀개과

파리지옥은 겨울에 활동하지 않아요. 대신 다가올 봄을 위해 힘을 비축하지요.

슈퍼 감각 기관
파리지옥의 잎에 난 미세한 잔털은 아주 약한 접촉도 감지해요. 먹잇감의 몸이 닿는 순간 전하가 발생해서 번개와 같은 속도로 덫이 닫혀요. 하지만 잎에 갇힌 먹잇감에 영양소가 많지 않으면 잎은 다시 열리고 운 좋은 생물은 줄행랑을 친답니다.

슈퍼 잎
파리지옥의 잎은 곤충이나 작은 동물을 끌어들이기 위해 색이 알록달록하고 달콤한 냄새를 풍겨요. 하지만 겉모습만 보고 의심 없이 다가가서 내려앉는 순간, 마치 동물의 입이 닫히듯이 잎이 반으로 접히고 말아요. 그 안에 갇힌 동물은 약 일주일 동안 서서히 소화되고, 식사를 마친 식물은 다시 잎을 벌려 다음 먹이를 노린답니다.

슈퍼 물질
이 식물의 잎에 들어 있는 안토시아닌이라는 붉은 색소가 작은 곤충을 덫으로 유인해요. 곤충이 잎에 갇히면 그때부터 식물은 반짝이고 끈적거리는 점액을 분비해요. 이 점액이 마치 접착제처럼 덫의 가장자리를 막기 때문에 먹잇감이 안에서 몸부림을 쳐도 잎이 열리지 않아요. 그때부터 식물은 소화 효소를 내보내 생물의 몸을 분해하고 영양소를 흡수해요.

슈퍼 지능
파리지옥도 광합성으로 대부분의 에너지를 얻어요. 하지만 덫으로 붙잡은 곤충은 이 식물이 자라는 척박한 토양에 부족한 영양소와 단백질을 대신 채워 주는 귀중한 간식이에요. 이런 기발한 전략 덕분에 파리지옥은 다른 식물이 살기 어려운 땅에서도 잘 살아가요.

슈퍼 스피드
아무리 빠른 곤충이라도 이 식물의 속도를 당해 낼 수는 없어요. 먹잇감을 감지하는 순간 0.5초도 안 되는 짧은 순간에 잎이 닫히니까요.

파리지옥은 산불을 잘 견딜 수 있어요. 숲에 불이 나면 경쟁하던 다른 식물이 사라져서 더 잘 자라요.

크기
잎자루 길이 약 10센티미터.
꽃대 높이 최대 30센티미터.
덫의 너비 약 3센티미터.

색깔
잎의 바깥쪽은 초록색, 안쪽은 진한 빨간색 또는 주황색. 꽃은 흰색.

특이사항
잎에 난 예민한 잔털을 30초 안에 두 번 이상 건드려야 덫이 작동해요. 가짜 경보에 에너지를 낭비하지 않기 위해서예요.

수명
이상적인 환경에서 20~30년을 살아요.

사는 곳
미국 남동부의 습지대에서 자생해요. 비슷한 환경의 다른 곳에서도 살아요.

번식
씨로 번식해요. 길이가 고작 1밀리미터 밖에 안 되는 아주 작고 검은 씨를 만들지요.

천적
도시가 늘어나고 파리지옥의 서식지가 사라지면서 야생 개체군이 많이 줄어들어 이제 멸종 위기종이 되었어요.

초능력 단계:
★★★☆☆☆

학명:
아단소니아 디기타타
Adansonia digitata

문: 속씨식물문
목: 아욱목
과: 아욱과

바오바브나무

물구나무를 선 전설의 나무

우뚝 솟은 우람한 몸통과 가늘고 긴 가지가 눈에 띄는 이 신성한 나무는 아프리카의 상징이에요. 옛날부터 사람들에게 숭배를 받아온 이 친절한 거인은 아프리카 사바나에서 사람들과 동물들에게 물과 음식, 피난처를 마련해 주고 있어요.

바오바브나무의 나이테는 나무가 자랄수록 옅어지기 때문에 나이테를 세어서는 나이를 알 수 없어요.

슈퍼 인내력
바오바브나무 줄기의 두꺼운 나무껍질은 무지무지 튼튼해요. 들불의 뜨거운 온도도 견딜 수 있고 심지어 상처가 나도 다시 자라요. 바오바브나무는 씨도 생명력이 강해서 5년이 지난 뒤에도 싹을 틔울 수 있어요.

슈퍼 수명
아프리카의 이 거인은 1,000년도 넘게 살아요. 나이가 2,450살인 바오바브나무는 지구에서 가장 나이가 많은 나무 중의 하나예요. 나무가 자라서 처음 열매를 맺기까지 최대 200년이 걸린답니다.

슈퍼 꽃
유달리 크고 하얀 바오바브나무의 꽃은 밤에 피어요. 해가 질 무렵에 꽃잎이 벌어지며 달콤한 향이 나는 꽃꿀로 박쥐를 비롯해 밤에 활동하는 다른 꽃가루 전달자들을 불러 모으지요. 하지만 서둘러야 해요. 꽃은 하루 만에 지거든요.

슈퍼 뿌리
바오바브나무의 뿌리는 아프리카 사바나의 건조한 토양 속에서 물을 찾아 멀리 또 넓게 뻗어나가요. 어떤 뿌리는 나무에서 50미터나 떨어진 곳까지 수색한답니다. 하지만 땅속으로 깊이 들어가지는 않아요. 물은 대부분 표면에서 가까운 곳에 있거든요.

슈퍼 열매
바오바브나무의 꼬투리열매는 마치 나뭇가지에 매달린 죽은 쥐처럼 생겨서 맛이 없어 보여요. 하지만 그 안에 들어 있는 하얀색 열매는 맛도 좋고 비타민 C가 풍부해서 몸에도 좋답니다.

슈퍼 줄기
바오바브나무의 드럼통 같은 나무줄기에는 엄청난 양의 물이 저장되어 있어요. 이 거대한 물탱크에 물이 10만 리터나 들어 있죠. 나무 한 그루의 76퍼센트가 물로 이루어진 셈이에요.

비가 오지 않는 시기에 코끼리들은 엄니로 바오바브나무의 나무줄기를 찢고 물을 찾아서 목을 축여요.

크기
높이 최대 25미터, 지름 약 10미터.

색깔
나무껍질은 검은색, 빨간색, 또는 회색. 꽃은 흰색.

특이사항
거대한 나무줄기와 뿌리처럼 가늘게 뻗은 나뭇가지 때문에 바오바브나무는 '물구나무를 선 나무'라고 알려졌답니다.

수명
보통 800년에서 1,000년을 살아요. 어떤 나무는 2,000년까지도 살아요.

사는 곳
열대 아프리카의 토종 식물이고, 아라비아반도 남부의 일부 지역과 아프리카 대륙 주변의 대서양 및 인도양 제도에서 자라요. 마다가스카르는 여섯 종의 바오바브나무로 유명해요.

번식
씨로 번식해요. 나무가 20년 되었을 때 처음으로 꽃이 피어요.

천적
기후 변화로 지구의 온도가 높아지자 바오바브나무가 달라진 날씨에 적응하느라 어려움을 겪고 있어요.

초능력 단계:
★ ★
★ ★

보검선인장

가시 돋친 무자비한 침입자

전진을 멈추지 않는 이 식물은 사막을 지배하는 위대한 여왕처럼
빨간색, 주황색, 노란색 꽃의 왕관을 썼어요.
가시 돋친 방패는 이 용맹한 전사가 사막을 전진하면서
새로운 땅을 차지해 나갈 때 보호막이 되어 줘요.

학명:
오푼티아 피쿠스-인디카
Opuntia ficus-indica

문: 속씨식물문
목: 석죽목
과: 선인장과

이 거침없는 식물은 고향인 멕시코 국기에도 자랑스럽게 그려져 있어요.

슈퍼 방어 능력
이 식물은 아주 날카롭고 뾰족한 가시로 된 갑옷을 입고 있어요. 배고픈 새들은 조심하는 게 좋을 거예요. 둥글넓적하고 판판한 패드(줄기)에는 길고 단단한 바늘 뭉치가 솟아 있고, 털 모양의 잔가시가 소중한 열매를 보호하거든요.

슈퍼 번식력
보검선인장은 영리한 전략을 사용해서 주변으로 퍼져 나가요. 몸에서 떨어져 나간 패드는 어느 땅에서든 뿌리를 내리고 새로운 식물로 자라요.

슈퍼 인내력
이 강인한 식물은 어떤 극한 상황도 이겨 낼 준비가 되어 있어요. 패드에 물을 저장해 사막의 타는 듯한 열기에도 몸이 마르지 않아요. 또 아주 낮은 기온과 강한 바람에도 거뜬히 견딜 수 있어요.

슈퍼 열매
보검선인장의 신선하고 둥근 열매에는 씨앗이 가득 들어 있어요. 무시무시한 가시만 피할 수 있다면 맛있게 먹을 수 있지요. 열매가 초록색일 때는 가시가 아주 억세지만, 다 익으면 부드러워져요. 보검선인장 열매를 먹을 때는 꼭 장갑을 끼고 껍질을 벗겨 먹는 것, 잊지 말아요!

보검선인장의 뿌리는 땅속으로 넓게 퍼져 있어서 토양이 바람과 물에 깎여 나가는 것을 막아 줘요.

크기
최대 높이 5미터, 너비 35센티미터.

색깔
둥글넓적한 줄기는 초록색. 꽃은 빨간색, 주황색, 노란색. 열매는 처음에 초록색이다가 익으면서 점점 노란색과 빨간색으로 바뀌어요.

특이사항
보검선인장에는 잎이 없어요. 대신 둥글고 판판한 패드가 가지처럼 자라요.

수명
최대 100년.

사는 곳
자생하는 곳은 멕시코이지만 점차 서식 범위를 넓혀 가고 있어요. 이제는 전 세계 건조한 지역에서 자라요.

번식
씨로 번식하지만 떨어진 패드로 자신을 복제해서 번식하기도 해요.

천적
가시 밑에 깍지벌레가 살면서 먹이와 물을 가져가요.

초능력 단계:

넵튠그래스

기후 변화와 싸우는 바다의 전사

학명:
포시도니아 오케아니카
Posidonia oceanica

문: 속씨식물문
목: 택사목
과: 포시도니아과

지중해에는 넵튠그래스가 자라는 바닷속 초원이 해저를 넓게 뒤덮고 있어요.
이 아름다운 식물은 자기만의 방식으로 조용하지만 강하게 기후 변화와 맞서고 있어요.
넵튠그래스 초원은 같은 면적의 아마존 열대 우림보다도 많은
이산화탄소를 흡수하고 있답니다.

> 넵튠그래스는 종종 해조류로 오해받지만 사실은 뿌리와 줄기, 잎과 꽃, 그리고 열매까지 있는 수중 식물이랍니다.

슈퍼 협동 능력
넵튠그래스는 여러 개의 포기로 이루어졌는데, 모두 한 몸처럼 일해요. 각 포기는 한쪽에 뿌리, 다른 쪽에 4~8개의 잎이 다발처럼 뭉쳐난 뿌리줄기로 연결되어 있어요.

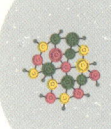
슈퍼 수명
넵튠그래스의 각 포기는 잎을 계속해서 교체해 가며 여러 해를 살아요. 그래서 바닷속 넵튠그래스 초원은 지구에서 가장 나이가 많은 생물들로 이루어졌다고 볼 수 있어요. 스페인에서 가까운 어느 바다에는 무려 10만 년이나 된 초원이 있답니다.

슈퍼 열매
해초는 바다의 파도 아래에서 꽃을 피우고 열매를 맺을 수 있는 유일한 식물이에요. 견과류를 닮은 열매는 바다의 올리브라고도 불리는데 해류에 떠다니다가 열매의 과육이 썩으면 하나짜리 씨가 바닥에 떨어져 싹을 틔워요.

슈퍼 뿌리
넵튠그래스의 튼튼한 뿌리는 바다 밑바닥에 식물을 잘 고정해요. 그래서 해조류처럼 뿌리가 없는 식물이 살지 못하는 곳에서도 자리를 잡고 수를 불려 나간답니다.

슈퍼 지능
이 식물은 똑똑한 전략으로 에너지 생산을 최대로 늘리고 있어요. 광합성이 가장 활발하게 일어나는 오래된 잎은 잎다발의 바깥에 두고, 생산성이 부족한 어린잎은 안쪽에 둔답니다.

슈퍼 잎
넵튠그래스의 슈퍼 파워 잎은 이 식물이 살아남는 데 아주 중요해요. 이 친환경 식물은 산소를 많이 만들기 때문에 '바다의 허파'라고도 불러요. 기후 변화와 맞서 싸우는 고마운 영웅이랍니다.

넵튠그래스는 물고기, 게, 성게, 심지어 거북에게도 훌륭한 집을 마련해 주어요. 많은 동물이 넵튠그래스 초원에서 새끼를 키우거나 필요할 때 몸을 숨겨요.

크기
넵튠그래스 초원은 수 킬로미터까지 뻗어 있어요. 잎은 최대 길이 1미터까지 자라고, 뿌리는 최대 15센티미터 깊이로 땅을 파고들어요.

색깔
잎은 초록색, 꽃은 황록색.

특이사항
이 식물의 뿌리줄기는 뿌리와 함께 모래 속으로 묻힌 채 옆으로도 자라고 위로도 자라요. 그런 식으로 바다 밑바닥에 식물을 고정시킨답니다.

수명
넵튠그래스 초원은 수천 년이 넘게 살아왔어요.

사는 곳
지중해에서만 발견되어요.

번식
넵튠그래스는 줄기의 가장 밑부분에서 새로운 싹을 올려 보내요. 씨를 바닷물에 흘려보내 전혀 다른 곳에서 뿌리를 내리기도 해요.

천적
어업, 해안 개발, 수질 오염과 같은 인간의 활동과 기후 변화로 인한 수온 상승 등으로 넵튠그래스의 생존이 위협받고 있어요.

초능력 단계:
★★
★★
★

학명:
넬룸보 누키페라
Nelumbo nucifera

문: 속씨식물문
목: 프로테아목
과: 연꽃과

연꽃

진흙에서 올라온 찬란한 보석

이 아름다운 수생 식물은 순결함의 상징이에요.
활짝 벌어진 커다란 꽃이 습지의 어둡고 탁한 물속에서 환하게 올라와요.

힌두교에서 연꽃은 태양, 불교에서는 청정을 상징해요. 연꽃은 아시아의 여러 국가에서 종교적으로 중요한 의미가 있어요.

슈퍼 씨앗

물속에 방출된 연꽃의 씨는 대부분 동물의 먹이가 되고 일부는 곧바로 싹을 틔워서 자라기 시작해요. 나머지 씨들은 진흙이 깔린 습지 바닥에서 조용히 숨어 있으면서 적절한 때를 기다려요. 기다림의 시간은 몇 년이 될 수도, 몇백 년이 될 수도 있고, 그보다 더 걸릴 수도 있어요. 어떤 씨는 1,300년이라는 놀라운 시간을 기다린 끝에 싹이 나왔답니다.

연꽃의 뿌리에는 오염 물질을 흡수하는 놀라운 능력이 있어요. 그래서 주변의 물을 깨끗하게 청소해 주죠.

슈퍼 지능

이 식물은 꽃의 온도를 조절하는 믿기 힘든 능력이 있어요. 주변의 기온이 영상 10도까지 떨어지는 쌀쌀한 날씨나 45도까지 올라가는 찜통 같은 날씨에도 꽃은 섭씨 30~36도의 편안한 온도를 유지해요. 그 덕분에 나쁜 날씨를 피해 꽃을 찾아온 곤충들이 꽃가루받이를 해 주어 예쁜 꽃을 피울 수 있어요.

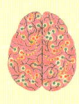

슈퍼 꽃

연꽃은 인도와 베트남의 국화예요. 아름답고 향기도 좋은 연꽃을 사람들이 좋아하는 것도 당연해요. 하지만 꽃은 고작 며칠 만에 져 버리니까 꽃이 피었을 때 마음껏 즐기는 게 좋겠어요.

크기
최대 2미터. 꽃의 지름은 최대 30센티미터, 잎의 지름은 최대 100센티미터.

색깔
줄기와 잎은 초록색. 보통 야생에서 꽃은 흰색이지만 흰색과 분홍색이 함께 나타나기도 해요.

특이사항
줄기와 잎을 연결하는 잎자루는 길이가 2.5미터까지 자라고 작은 가시로 뒤덮여 있어요.

슈퍼 인내력

연꽃은 아주 섬세해 보이지만 사실은 무척 강인한 식물이에요. 얕은 호수나 연못, 강의 삼각주나 습지대의 흙탕물처럼 다른 식물은 엄두도 내지 못하는 곳에서 잘 살아요.

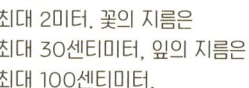

수명
꽃은 며칠만 피고 지지만, 씨는 수백 년이 지난 뒤에도 싹을 틔워서 자랄 수 있어요.

슈퍼 잎

연꽃의 거대한 둥근 잎은 시궁창 같은 물속에서도 식물이 건강하게 자라게 해 줘요. 잎의 표면에는 왁스 같은 물질이 감싸는 미세한 돌기가 빼곡히 채워져 있어요. 이런 특별한 표면은 방수 효과가 뛰어나서 비가 와도 잎이 젖지 않고 물을 밀어내요. 게다가 물방울이 잎 위에서 굴러다니면서 먼지를 모아다가 잎 밖으로 버리기 때문에 항상 깨끗하고 뽀송한 상태를 유지할 수 있답니다.

사는 곳
동남아시아 자생이에요. 하지만 다른 대륙의 정원에서도 많이 심어요.

번식
매년 수십만 개의 씨를 퍼트려요. 진흙땅으로 기어다니는 뿌리줄기로도 번식해요.

초능력 단계:
★ ★
★ ★

해바라기

학명:
헬리안투스 안누우스
Helianthus annuus

문: 속씨식물문
목: 국화목
과: 국화과

태양의 길을 따라가는 꽃

전 세계 정원에서 밝은 노란색 꽃을 피우는 해바라기는 햇빛의 초능력으로 쑥쑥 활기차게 자라요.

> 어린 해바라기만 태양을 따라가요. 다 자란 꽃은 항상 동쪽을 바라본답니다.

슈퍼 꽃
많은 사람들에게 사랑받는 이 아름다운 식물의 '꽃'은 사실 아주 작은 낱꽃들로 이루어진 두상꽃차례예요. 가운데의 커다란 황갈색 부분에는 통 모양의 관상화가 둥글게 모여 있어요. 관상화를 한두 줄로 둘러싸는 꽃은 설상화, 또는 혀꽃이라고 하는데, 얼핏 보면 그게 해바라기의 꽃잎인 것 같지만 실제로는 꽃잎 한 개짜리 꽃이에요. 그래서 해바라기 꽃은 수많은 꽃이 모이는 축제 장소 같아요.

슈퍼 스피드
차렷, 준비, 출발! 물과 햇빛만 충분하면 이 식물은 아주 빠른 속도로 자라요. 어떤 해바라기 품종은 3개월 만에 키가 4미터나 자란다고 해요.

슈퍼 이동 능력
식물이 움직일 수 없다고 생각하나요? 그렇다면 생각을 바꾸는 게 좋겠어요. 해바라기는 적어도 머리를 움직이거든요. 해바라기의 줄기는 굴광성이라는 특징을 보여요. 해가 있는 쪽으로 몸이 구부러진다는 뜻이에요. 그래서 해바라기는 해가 뜰 때 동쪽에서 시작해 온종일 해의 움직임을 따라 고개를 움직이다가 해가 질 무렵에는 서쪽을 보게 돼요. 더 놀라운 것은 밤이 되면 다시 동쪽을 바라보는 위치로 돌아와 다음 날 아침을 준비한답니다.

슈퍼 씨앗
보통 해바라기 씨라고 부르는 것이 사실은 씨가 아닌 열매예요. 두상꽃차례 하나에서 수천 수백 개가 넘는 열매가 맺히는 것이죠. 아름답게 배열된 씨는 거의 완벽한 나선을 그리고 있어서 서로 겹치지 않고 최대한 많은 씨를 채운답니다.

한 자리에 아주 많은 꽃이 다닥다닥 붙어 있어서 해바라기는 꽃가루 전달자들, 특히 벌들에게 인기가 좋아요.

크기
어떤 품종에서는 키가 4미터까지 자라요. 두상꽃차례의 지름은 최대 30센티미터.

색깔
줄기는 초록색. 꽃은 노란색 또는 갈색.

특이사항
잎은 심장 모양이고 가장자리에 톱니가 있어요. 줄기는 두껍고 수직으로 곧게 서 있고 속이 꽉 차 있어요. 뿌리는 흙을 깊이 파고들 수 있어요.

수명
1년.

사는 곳
원래 북아메리카와 중앙아메리카 식물이지만 건조한 곳과 습한 곳 어디서든 잘 자라요. 기원전 2,600년 멕시코에서 기원했지만 지금은 전 세계에서 해바라기를 심어요.

번식
우리가 보통 해바라기 씨라고 하는 계란 모양의 검은 열매로 자손을 퍼트려요.

천적
해바라기에 들러붙어 사는 기생식물이 가장 큰 위협이에요. 해바라기의 양분을 빨아먹어서 꽃의 크기가 작아지거든요.

초능력 단계:

세쿼이아

학명:
세쿼이아 셈페르비렌스
Sequoia sempervirens

문: 구과식물문
목: 구과목
과: 측백나무과

숲속에 우뚝 솟은 거인

세쿼이아는 구름에 닿을 만큼 높이 자라는 최후의 생존자예요.
야생의 거친 바람과 극한의 온도, 산불의 화염까지
모두 견디면서 수천 년을 살고 있거든요.

'붉은 나무'라는 별명은 아름다운 나무껍질에서 유래했어요.

슈퍼 인내력
어마어마하게 큰 이 나무는 수천 년을 살아오며 산불을 비롯해 어떤 고난에서도 살아남도록 적응했어요. 이 놀라운 회복력은 모두 튼튼한 나무껍질 덕분이에요. 세쿼이아의 나무껍질은 두께가 30센티미터나 되고 물과 불에 모두 강한 타닌이라는 물질이 들어 있어요. 이런 능력으로 산불이 남기고 간 흉터도 치유해요.

슈퍼 번식력
세쿼이아는 나무에 큰 상처가 나거나 불에 많이 타더라도 줄기의 맨 아래에서 새로운 싹을 올려 보내요. 나무가 쓰러지더라도 나무의 그루터기나 뿌리에서 복제된 나무가 자란답니다.

슈퍼 수명
가장 오래된 세쿼이아는 나이가 2,200년이나 되었고, 세쿼이아 숲을 돌보는 사람들은 깊은 계곡이나 산골짜기 어딘가에 그보다 더 나이가 많은 나무가 있을 거라고 믿어요. 그런 곳은 안개가 많이 생겨서 길고 건조한 여름에도 나무가 잘 버틸 수 있어요.

슈퍼 씨앗
세쿼이아의 씨는 크기가 작지만 상상을 초월할 정도로 개수가 많아요. 다 자란 나무 한 그루에서 매년 600만 개씩이나 만들어지니까요. 하지만 숲 바닥에서 씨가 발아하기는 쉽지 않아서 전체의 고작 5퍼센트 정도만 묘목으로 자라요. 행운의 어린나무는 숲의 그늘진 덤불 속에서 수백 년을 살면서 하늘로 솟아오를 때를 기다린답니다.

슈퍼 줄기
이 나무의 줄기는 도무지 믿기 어려운 높이로 자라요. 미국 캘리포니아주 레드우드 국립공원에서 자라는 하이페리온이라는 이름의 세쿼이아는 세상에서 가장 키가 큰 나무예요. 그 높이가 무려 115.5미터나 되지요. 이 거대한 줄기는 위로만 자라는 게 아니라 옆으로도 자라기 때문에 하이페리온의 지름은 바닥에서 쟀을 때 약 8미터나 된다고 해요.

세쿼이아가 자라는 숲의 지붕에는 벌레, 도마뱀, 도롱뇽 등 많은 생물이 사는 독특한 생태계가 발달했어요.

크기
지구에서 가장 키가 큰 나무예요. 높이가 약 115미터까지 자라요.

색깔
잎은 초록색, 나무껍질은 적갈색이고 시간이 지날수록 색이 더 짙어져요.

특이사항
세쿼이아는 나이가 들면서 아래쪽에 있는 가지가 저절로 떨어져요. 그 덕분에 산불이 나도 나무 꼭대기까지 불이 붙지 않아요.

수명
보통 최소 600년을 살아요. 좋은 환경에서는 1,000년도 넘게 살 수 있어요.

사는 곳
미국의 서부 해안가에서 오리건주 남부와 캘리포니아주 중부 사이의 거대한 산맥에 자라요.

번식
씨로 번식하고, 그루터기에서 자라는 싹으로도 번식해요.

천적
세쿼이아가 자라는 땅으로 참나무, 소나무, 전나무 같은 나무들이 침범해요. 기후 변화도 세쿼이아가 자라는 숲 생태계의 균형을 망가뜨리고 있어요.

초능력 단계:
★★
★★★

패션프루트

우림을 장식하는 색색의 덩굴

학명:
파시플로라 에둘리스
Passiflora edulis

문: 속씨식물문
목: 말피기아목
과: 시계꽃과

이 화려한 식물은 자신을 드러내는 것을 좋아해요.
눈에 띄는 멋진 꽃이 피고, 사시사철 푸른 잎이 햇빛을 찾아 빠른 속도로 숲을 가로지르죠.
절대 그림자 속에 숨어 있을 식물이 아니랍니다.

브라질에서 이 식물은 '마라 쿠야'라고 불러요. 그릇에 담긴 과일이라는 뜻이에요.

슈퍼 이동 능력
언제나 바쁘게 이동 중인 패션프루트 덩굴은 나무와 바위를 대단히 민첩하게 올라가요. 덩굴손이라는 가는 줄기가 근처에 있는 다른 식물의 줄기나 나뭇가지를 감아 지탱하기 때문에 숲의 지붕을 향해 더 높이 올라갈 수 있어요.

슈퍼 스피드
날씨가 따뜻하고 물과 햇빛이 충분하면 이 성질 급한 식물은 몇 개월 만에 5제곱미터가 넘는 넓은 영역을 덮을 수 있어요.

슈퍼 꽃

패션프루트의 꽃은 흰색의 화사한 꽃잎과 중앙에서 사방으로 폭발하듯이 뻗어 나온 보라색 수술대가 특징이에요. 마치 사람이 일부러 만든 것처럼 화려하지만, 그저 보여 주기 위한 것만은 아니에요. 이 복잡한 꽃은 꽃가루 전달자들을 중앙의 생식 기관으로 안내하기 위해 정교하게 설계되었어요.

슈퍼 열매

패션프루트의 열매는 식물학에서 장과라고 부르는 종류인데 안에 소중한 씨를 보호하는 두꺼운 껍질이 발달했어요. 패션프루트의 열매는 영양가가 아주 높아서 다양한 음식과 음료에 사용되어요. 이 열매로 만든 케이크, 아이스크림, 잼, 요거트가 유명하고, 차도 만든답니다.

슈퍼 씨앗
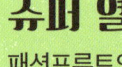
패션프루트 열매 한 개에 180개에서 200개의 씨가 들어 있어요. 이렇게 씨를 많이 만들면 그만큼 식물이 번식할 가능성이 더 커진답니다.

패션프루트 열매는 인간과 동물의 몸에 좋은 비타민이 많이 들어 있어요. 어떤 나라에서는 기침이나 불면증, 통증을 치료하는 약으로도 쓰여요.

크기
패션프루트 덩굴은 최대 20미터까지 자라요. 야생에서 꽃은 지름이 5센티미터 정도예요.

색깔
꽃은 흰색이고 분홍색, 빨간색, 또는 보라색 빛깔이 돌아요. 덩굴에 달린 잎은 짙은 초록색이에요.

특이사항
덩굴에 달린 크고 부드러운 잎은 1년 내내 초록색을 띠어요.

수명
보통 10년을 넘지 않아요.

사는 곳
원래 중앙아메리카와 남아메리카의 따뜻한 지역에 살았어요. 지금은 전 세계의 열대, 아열대 지방에서 작물로 재배되고 있어요.

번식
씨로 번식해요. 한 꽃에 암수 생식 기관이 다 있지만 꽃가루 전달자가 꽃가루받이를 해 줘야 해요.

천적
주노주홍나비의 유충이 제일 좋아하는 먹이라서 이 식물의 싹과 줄기, 꽃을 먹어 치워요.

초능력 단계:
★★
★★

시체꽃

학명:
아모르포팔루스 티타눔
Amorphophallus titanum

문: 속씨식물문
목: 택사목
과: 천남성과

썩은 내로 곤충을 유혹하는 꽃

식물의 왕국에서 유명 인사인 시체꽃은 변장의 달인이에요. 구토를 부르는 고약한 냄새는 동물의 살이 썩는 냄새를 흉내 내고 있어요. 지나가던 곤충은 물론이고, 지구에서 가장 신기한 식물을 찾아다니는 식물 사냥꾼들이 그냥 지나치지 못한답니다.

40년 동안 고작 서너 번 피는 이 식물의 꽃은 아주 크고 냄새가 고약해서 쉽게 눈에 띄어요.

슈퍼 꽃
세계에서 가장 큰 꽃으로 잘 알려진 시체꽃은 사실 하나가 아닌 여러 개의 작은 꽃으로 이루어진 꽃차례예요. 그렇다고 하더라도 꽃들이 모여 탑을 이루는 이 육수꽃차례는 거대하기 짝이 없지요. 그 높이가 3미터까지 자란답니다.

슈퍼 모방 능력
시체꽃에는 냄새와 관련된 초능력이 있어요. 썩어가는 동물의 살점에서 나는 냄새를 완벽하게 흉내 내거든요. 그래서 죽은 동물을 좋아하는 파리 따위를 끌어들이지요. 시체꽃의 냄새에 속아 잔칫상을 찾은 줄 안 곤충들이 꽃에 알을 낳으면서 꽃가루받이가 일어나요. 세계에서 가장 나쁜 냄새가 나는 식물이라는 별명처럼 이 식물에서는 마늘 냄새, 상한 생선 냄새, 땀에 젖은 양말 냄새가 난답니다. 웩!

슈퍼 스피드
개화할 때가 되면 이 꽃은 하루에 10센티미터씩 엄청나게 빠른 속도로 쑥쑥 자라요. 모든 힘을 다 써 버린 꽃은 고작 2~3일만 피었다가 져 버리지요. 다행히 그 고약한 냄새는 꽃이 피고 처음 12~24시간 동안만 난답니다.

슈퍼 수명
이 식물은 40년을 살아요. 하지만 그 긴 시간 동안 꽃은 고작 서너 번밖에 피우지 않아요. 평소에는 끝에 잎이 달린 긴 줄기를 위로 올려 보내요. 잎의 줄기가 갈라지고 여러 개의 작은 잎이 달려 있어 마치 나무처럼 보이지만 사실은 커다란 하나짜리 잎이에요. 이 잎이 햇빛을 받아 열심히 에너지를 모으고 다음번 꽃을 피울 때를 위해 그 힘을 저장해요. 그 덕분에 식물이 오래 살 수 있는 것이랍니다.

시체꽃은 꽃의 끝부분을 따뜻하게 데워서 냄새 입자를 멀리 1킬로미터 밖까지 퍼트려요. 주변에 있는 꽃가루 전달자들이 너도나도 모여들지요.

크기
최대 높이 3미터.

색깔
꽃의 바깥쪽은 초록색, 안쪽은 진한 보라색 또는 빨간색. 썩은 고기처럼 보이려는 또 다른 특징이에요.

특이사항
땅속에 덩이뿌리라는 저장 기관이 있어서 그 안에 양분과 물을 저장해요.

수명
40년.

사는 곳
인도네시아 수마트라의 열대 우림에 살아요. 하지만 이제는 전 세계 식물원의 주요 볼거리가 되었어요. 시체꽃의 꽃이 피는 날에는 귀한 광경을 보려고 수천 명씩 몰려들어요.

번식
씨로 번식해요. 노랗고 붉은 열매는 코뿔새가 좋아해요. 열매를 먹고 숲을 날아다니며 씨를 퍼트리지요.

천적
사람들이 너무 많이 채집하고 또 이 식물이 사는 숲을 베어 내는 바람에 야생에서는 거의 멸종했어요.

초능력 단계:
★★★
★★

히드노라

학명:
히드노라 아프리카나
Hydnora africana

문: 속씨식물문
목: 후추목
과: 히드노라과

수시로 행방불명되는 식물

잎이 없는 이 비밀스러운 식물은 '세계에서 가장 이상한 식물'이라는 별명을 얻을 만해요.
땅속으로 숨어 들어가 몇 년씩 모습을 감추거든요.
하지만 특이하게 생긴 꽃과 교활한 생존 전략은 기다릴 가치가 충분하답니다.

현지에서 이 식물은 '자칼스코스'로 불려요. 아프리카어로 '자칼의 음식'이라는 뜻이에요.

슈퍼 물질
히드노라는 고약한 냄새가 나는 화학 물질을 분비해서 죽은 동물이나 썩은 동물을 먹고 사는 딱정벌레와 그 밖의 곤충들을 끌어들여요. 악취를 맡고 모여든 곤충은 자기도 모르는 사이에 함정에 갇히고 말아요.

개코원숭이, 자칼, 호저, 두더지, 그 밖의 많은 새가 히드노라의 열매를 먹고 주변에 씨를 퍼트려요.

슈퍼 꽃
어쩌다 한 번씩 큰비가 내리고 나면 히드노라는 땅 위로 복숭아 색깔의 꽃을 올려 보내요. 이 신기한 꽃은 세 개짜리 두꺼운 꽃잎으로 이루어졌고 곤충을 가둘 수 있어요. 꽃의 감옥에 갇힌 곤충은 그 안에서 몸에 꽃가루를 묻혀요. 꽃잎이 열리고 풀려난 곤충은 다른 꽃에 가서 꽃가루를 퍼트려요. 열매를 맺고 난 히드노라는 다시 땅속으로 들어가 모습을 감춘답니다.

크기
꽃의 지름은 최대 30센티미터.

색깔
꽃은 주황색과 빨간색. 식물의 나머지 부분은 갈색, 회색, 검은색이에요.

슈퍼 지능
다른 식물과 달리 히드노라는 잎이 없어요. 다시 말해 햇빛을 이용한 광합성을 할 수 없다는 뜻이에요. 그 대신 히드노라는 기생이라는 다른 방법으로 살아가요. 숙주 식물에 얹혀 지내면서 생존에 필요한 물과 영양소를 훔친답니다.

특이사항
버섯과도 비슷하게 생긴 이 식물은 줄기나 잎이 없고 뿌리와 꽃으로 이루어졌어요.

사는 곳
남아프리카의 반사막지대에 살아요. 세계의 다른 야생 지역에서는 발견되지 않아요. 히드노라의 숙주 식물이 다른 곳에서는 자라지 않거든요.

슈퍼 뿌리
히드노라는 숙주로 삼을 식물을 신중하게 골라요. 등대풀 종류의 뿌리에 자신의 두꺼운 뿌리를 부착해서 필요한 영양소를 빨아들여요.

번식
씨로 번식해요. 열매 하나에 최대 2만 개의 씨가 들어 있어요.

슈퍼 인내력
혹독한 환경에서 살아가는 히드노라는 건조하고 척박한 토양에서도 잘 자라고, 물이 없이도 긴 시간을 버틸 수 있으며, 다른 식물이 살 수 없는 기온을 견뎌 내요.

천적
히드노라의 서식지가 파괴되고 약용으로 너무 많이 채집되어 식물의 수가 줄고 있어요.

초능력 단계:

산하엽

학명:
디필레이아 그라이이
Diphylleia grayi

문: 속씨식물문
목: 미나리아재비목
과: 매자나무과

마법에 걸린 신비한 꽃

비구름이 몰려오는 것이 보이면 얼른 우산을 들고 나가서
마법이 일어나는 장면을 지켜보아요.
해골꽃이라고도 하는 산하엽의 작고 하얀 꽃은 비를 맞으면
깜짝 놀랄 모습으로 변신하니까요.

이 식물의 학명은 '디필레이아'예요. 그리스어로 '두 종류의 잎'이라는 뜻이지요.

슈퍼 꽃

산하엽은 얼핏 보면 평범한 식물이에요. 하지만 비가 내리는 순간 마법이 일어나지요. 하얗던 꽃이 눈앞에서 투명해지거든요. 이 놀라운 변신은 꽃잎의 세포를 이루는 스펀지 같은 구조 때문이에요. 식물이 젖었을 때와 말랐을 때 햇빛이 표면을 반사하는 방식이 달라지거든요. 젖었을 때는 꽃잎의 잎맥이 마치 뼈대처럼 보여서 해골꽃이라는 무시무시한 별명을 지니게 되었어요. 비가 그치고 꽃잎이 마르면 꽃은 원래의 흰색으로 돌아가요. 왜 식물이 이런 마법에 걸렸는지 아직 밝혀지지 않았어요.

슈퍼 인내력

산하엽의 여리여리한 꽃은 아주 연약해 보이지만 사실은 놀랄 정도로 강인한 식물이에요. 그늘지고 습기가 많은 곳이든, 햇빛에 약간 노출된 곳이든 잘 살아남아요. 영하 7도의 강추위에서 영상 30도의 더운 날씨까지 다양한 기온에서도 잘 버텨 내지요.

옛날부터 아시아 지역에서는 천연염료를 만드는 데 사용되었어요. 이제 과학자들은 이 식물에 암과 싸우는 성분이 있는지 연구하고 있어요.

크기
키가 최대 70센티미터까지 자랄 수 있어요. 꽃의 너비는 2센티미터예요.

색깔
줄기와 잎은 초록색, 꽃은 날씨에 따라 흰색이거나 투명해요. 열매는 짙은 보라색과 푸른색이고 붉은색 꽃대에서 자라요.

특이사항
비가 외우는 마법의 주문을 기다리기라도 하는 것처럼 이 식물의 잎은 커다란 우산 모양이에요.

수명
겨울이면 죽었다가 봄에 다시 나타나요. 이 식물은 여러 해를 살아요.

사는 곳
일본, 러시아, 미국 동부에서 시원한 숲 지대의 축축한 산비탈에 자라요.

번식
씨로 번식해요. 꽃에는 암수 생식 기관이 모두 있어요.

천적
도시 개발로 이 식물이 자라는 숲이 파괴되어 생존을 위협당하고 있어요.

초능력 단계:

교살자무화과

보아뱀 나무

학명:
피쿠스 아우레아
Ficus aurea

문: 속씨식물문
목: 장미목
과: 뽕나무과

다른 나무에 기생해서 살아가는 교살자무화과는 숙주 나무에게서 양분과 물과 햇빛을 모두 훔쳐요. 굶주린 보아뱀처럼 다른 나무를 칭칭 감으면서 올라가 결국 그 나무를 죽이고 모든 걸 빼앗는답니다.

페루 사람들이 '나무 암살자'로 부르는 이 나무는 전 세계에 850가지 종류가 있어요.

슈퍼 지능
이 식물의 씨는 숲 지붕 높은 곳에서 자기가 선택한 숙주 식물의 가지에 뿌리를 내려요. 공기뿌리가 주변에서 흡수한 물과 영양소를 먹고 아래로 자라면서 숙주를 감싸요. 교살자무화과가 옥죄는 바람에 숙주는 제대로 자라지 못하고 죽어 가는데, 이때 나무가 썩으면서 방출되는 영양소를 먹고 더 잘 자라요. 마침내 숙주는 사라지고 그 자리에는 교살자무화과만 남는답니다.

슈퍼 협동 능력
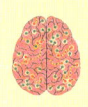
이 무화과나무는 특별한 말벌과 상리 공생해요. 상리 공생하는 나무와 곤충은 양쪽 모두 이익을 얻어요. 나무마다 한두 종의 전담 '무화과 말벌'이 있는데 각자에게 속한 말벌을 통해서만 나무가 꽃가루받이를 할 수 있어요. 반대로 나무는 그 말벌이 알을 낳을 수 있는 유일한 장소를 제공해요.

슈퍼 물질
암꽃이 피면서 말벌의 암벌을 끌어들이는 화학 물질을 방출해요.

슈퍼 이동 능력

이 식물의 씨앗은 그 열매를 먹은 새가 먼 거리를 날아가 나무 꼭대기에 앉아서 똥을 눌 때 함께 나와서 옮겨져요. 덕분에 식물이 넓은 지역에 퍼질 수 있고, 새로운 식물은 공간, 빛, 물과 양분을 두고 부모와 경쟁하지 않아도 되지요.

슈퍼 꽃

교살자무화과는 말벌과의 관계를 잘 활용하기 위해 개화 시기를 정교하게 조정해요. 먼저 암꽃이 꽃을 피우고 암벌을 불러들여요. 암벌은 꽃에 알을 낳고 죽고, 알에서 깨어난 유충이 씨앗을 먹으며 성충으로 자라요. 이 말벌이 짝짓기할 때가 되면 암꽃은 죽고 수꽃이 피어요. 어른이 된 말벌 암컷은 수꽃의 꽃가루를 뒤집어쓴 채 새로운 암꽃을 찾아가서 꽃가루를 전달하고 알도 낳는답니다.

많은 새와 동물이 교살자무화과의 열매를 먹고 살아요. 이 나무는 오랜 기간 열매를 맺기 때문에 다른 열매가 열리지 않는 배고픈 시기에 영양분을 주지요.

크기
야생에서는 최대 30미터까지 자라요.

색깔
나무줄기는 잿빛, 잎과 열매는 밝은 초록색, 열매는 초록색으로 시작해서 익으면 노란색이 되어요.

특이사항
이 나무는 아래로도 자라고 옆으로도 자라요. 가지를 길게 뻗어서 크고 두꺼운 덮개를 만들어요.

수명
이 식물은 여러 해를 살아요.

사는 곳
미국 플로리다주와 멕시코를 비롯해 중앙아메리카와 카리브해의 열대 지역에서 자라요.

번식
씨로 번식해요. 한 나무에 암꽃과 수꽃이 따로 피고 다른 나무에 핀 꽃의 꽃가루로 수분해요.

초능력 단계:
★ ★
★ ★

얼룩 거미난초

가짜 타란툴라

학명:
브라시아 마쿨라타
Brassia maculata

문: 속씨식물문
목: 비짜루목
과: 난초과

거미를 잡아먹는 커다란 말벌이 보이면 무조건 도망가야 해요.
그 벌에게 쏘이면 엄청나게 아플 테니까요. 하지만 얼룩거미난초는 반대로 행동해요.
거미와 비슷하게 생긴 꽃으로 말벌을 꾀어내어 꽃가루받이를 시키니까요.

> 난초는 아름다운 꽃 때문에 중국과 일본, 한국에서 수천 년 동안 키워져 왔어요.

슈퍼 꽃
얼룩거미난초의 꽃은 식물의 줄기를 따라 일렬로 달려요. 가늘고 반점이 있는 꽃잎은 그림처럼 아름답고 사랑스러운 향기까지 풍기지요. 하지만 진실을 말하면, 이 생김새가 사실은 엄청난 속임수랍니다.

슈퍼 뿌리
얼룩거미난초는 착생 식물이에요. 다른 식물이나 나무의 표면에 붙어서 자라지요. 하지만 기생 식물은 아니에요. 다른 나무에서 영양소를 훔치지 않거든요. 대신 공중에 드러난 공기뿌리의 한 겹짜리 특별한 세포로 주변에서 물과 영양소를 흡수해요. 덕분에 이 식물은 열대우림의 높은 곳에서 자랄 수 있어요. 그곳은 뜨거운 햇빛을 피할 그늘이 있고 공간에 대한 경쟁이 심하지 않아요.

슈퍼 모방 능력
이 난초의 아름다운 생김새가 사실은 무서운 꽃가루 전달자를 꼬드기려는 교묘한 변장이랍니다. 꽃의 꽃잎은 타란툴라의 긴 다리를 흉내 내어 타란툴라사냥벌이라는 사나운 곤충의 관심을 끌어요.

타란툴라사냥벌은 타란툴라에게 침을 쏘아 마비시키고 그 몸에 알을 낳아요. 알에서 깨어난 새끼 말벌은 거미를 먹으며 크지요. 얼룩무늬난초가 거미라고 생각한 타란툴라사냥벌의 암컷은 꽃을 공격하면서 몸에 꽃가루를 묻히고 또 다른 꽃에 가서 전달해요.

크기
꽃은 길이가 20센티미터까지 자라요.

색깔
줄기와 잎은 초록색이고, 꽃은 황록색에 적갈색 반점이 있어요.

특이사항
얼룩무늬난초는 꼬투리 같은 주머니에 물을 저장해요.

수명
이 난초는 여러 해를 살지만 수명은 난초가 붙어 있는 나무에 달려 있어요.

사는 곳
난초는 지구상에서 가장 오래되고 또 가장 다양하게 적응한 식물이에요. 남극을 제외한 모든 대륙에서 살지요. 얼룩거미난초는 멕시코, 중앙아메리카, 서인도제도, 남아메리카 북부의 열대 우림에서 자라요.

번식
공중에 쉽게 확산되는 가루 같은 씨로 번식해요.

초능력 단계:
★★
★ ★

서양민들레

낙하산을 타고 하늘로 날아오르는 씨앗

활짝 펼친 우산처럼 생긴 민들레 씨앗을 모르는 사람은 없을 거예요.
이 씨는 우산을 쓰고 정원과 공원, 강과 심지어 바다 위로
높게 떠올라 멀리멀리 날아갈 수 있어요.
하얗게 변한 민들레가 보이거든 숨을 크게 들이마신 다음 아주 세게 바람을 불어 보세요.
잠깐, 소원 비는 것 잊지 말고요.

학명:
타락사쿰 오피키날레
Taraxacum officinale

문: 속씨식물문
목: 국화목
과: 국화과

민들레와 친척이었던 식물의 화석이 발견되었는데 무려 5000만 년 전에 살았던 식물이래요.

슈퍼 꽃
민들레의 꽃은 혀꽃이라고 부르는 작은 낱꽃이 모여서 된 두상꽃차례예요. 정원을 가꾸는 사람 중에는 민들레를 잡초라고 생각하는 사람도 있지만, 이 황금색 꽃은 꽃가루가 풍부해서 꽃가루 전달자들이 아주 좋아해요.

슈퍼 잎

민들레의 긴 잎은 바닥에서 장미꽃 모양으로 평평하게 자라요. 잎 가장자리에 큰 톱니가 있어서 뾰족한 이빨처럼 보이지요. 그래서 프랑스어로는 '사자의 이빨'이라는 뜻의 '당드리옹'이라는 이름을 갖게 되었어요. 으르렁!

슈퍼 이동 능력

민들레 씨는 바람의 힘을 빌어 여행을 시작해요. 대부분 멀리 가지 못하고 근처에 떨어지지만, 그중에 일부는 먼 길을 떠난답니다. 하늘로 솟아올라 멀리는 150킬로미터까지 이동할 수 있어요.

슈퍼 씨앗
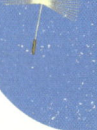
흰 털뭉치 같은 둥근 열매는 사실 씨 하나짜리 열매 수십 개가 모여서 이루어졌어요. 각 열매는 갓털이라는 우산 모양의 낙하산에 매달려 있지요. 갓털은 바람에 훌훌 잘 날아가 멀리까지 씨를 퍼트리게 설계되었어요. 민들레 한 포기에서 수천 개의 씨가 만들어지지요. 그래서 뒤뜰의 정원이든 공원의 잔디밭이든 어디에서나 민들레를 쉽게 볼 수 있는 것이랍니다.

민들레 잎은 먹을 수 있어요. 샐러드에 넣어 먹거나 데쳐서 나물로 무쳐 먹어요.

크기
높이는 5~40센티미터.

색깔
잎은 초록색, 꽃은 노란색이에요.

특이사항
잎이 바닥에 원형으로 퍼져서 자라고 줄기에는 잎이 없어요.

수명
5~10년.

사는 곳
전 세계 온대 지방에 널리 퍼져 있어요. 온대 지방은 열대와 극지방 사이에서 기후가 온화한 지역을 말해요.

번식
씨로 번식해요. 이 식물에는 곤충이 자주 방문하지만 씨의 대부분은 바람에 날려서 퍼져요.

천적
진딧물, 애벌레, 가루이 등이 공격하지만 회복력이 아주 높답니다.

초능력 단계:

학명:
카스타네아 사티바
Castanea sativa

문: 속씨식물문
목: 참나무목
과: 참나무과

유럽밤나무

따가운 밤송이 안에 달콤한 열매가 열리는 나무

이 나무의 우뚝 솟은 줄기와 황금색 꽃을 보면 친절한 거인이 떠오르지만
그 맛있는 열매는 가시가 잔뜩 돋친 밤송이에 들어 있어요.
배고픈 방문객들로부터 자신을 보호할 줄 아는 나무예요.

이 나무의 학명은 밤나무로 유명한 그리스의 카스타나스 마을에서 유래했어요.

슈퍼 수명
나이가 많은 유럽밤나무는 대개 기후가 온난한 지역의 비옥한 땅에서 자라요. 토양의 물이 잘 빠지고, 햇빛이 풍부하고, 바람을 잘 막아 주는 좋은 환경에서는 200~500년을 살아요. 세상에서 가장 나이가 많다고 알려진 유럽밤나무는 이탈리아 시칠리아의 에트나산 산비탈에서 발견되었어요. 이 전설의 나무는 나이가 2,000~4,000년으로 알려졌어요.

슈퍼 줄기
어린 나무의 줄기는 매끄럽고 초록색이지만, 나이가 들수록 회색과 보라색, 그리고 갈색으로 변하고 점점 더 색이 짙어져요. 시간이 지나면서 나무 줄기는 수직으로 깊게 갈라지고, 아름다운 나선을 그리며 가지가 있는 나무 위로 올라가요.

슈퍼 방어 능력
밤은 가시 돋친 밤송이 안에 들어 있는데, 다 익기 전에는 밤송이가 열리지 많아요. 가시 돋친 갑옷 덕분에 배가 고픈 동물이라도 쉽게 먹을 수 없죠.

슈퍼 꽃
유럽밤나무는 여름에 꽃이 피어요. 여러 개의 작은 꽃이 모여서 긴 꼬리꽃차례를 이루지요. 밤꽃은 향기가 강하고(어떤 사람은 튀긴 버섯 냄새가 난다고 해요.) 벌 같은 꽃가루 전달자들에게 인기 만점이에요.

슈퍼 열매
밤이 다 익으면 밤송이가 벌어지면서 밖으로 나와요. 밤의 겉껍질은 짙은 갈색에 반들반들 윤기가 나고 질겨요. 그 안에는 벨벳 같은 속껍질이 있어요. 열매는 9월에서 11월 사이에 서서히 익어서 사람들은 크리스마스 간식으로 구운 밤을 즐긴답니다.

밤나무 꽃은 벌과 다른 꽃가루 전달자들에게 꽃꿀을 줘요. 맛있는 견과류는 새와 동물, 인간들의 식량이 되어요.

크기
높이는 최대 35미터, 너비는 12미터. 잎은 최대 30센티미터까지 자라요.

색깔
나무껍질은 회색빛이 도는 보라색이나 갈색. 잎은 밝은 초록색인데 가을이면 황금색으로 변해요. 꽃은 노란색, 밤송이는 익기 전에 초록색, 열매는 적갈색이에요.

특이사항
잎은 가장자리에 톱니가 있고 끝이 뾰족해요. 잎에는 약 20쌍의 잎맥이 진하게 발달했어요.

수명
200~500년.

사는 곳
유럽의 남부와 동남부에서 자라요.

번식
씨로 번식해요. 한 나무에 암꽃과 수꽃이 따로 피어요.

천적
20세기 전반부에 밤나무줄기마름병이라는 치명적인 곰팡이 감염으로 미국 동부의 밤나무 숲에서 35억 그루의 나무가 죽었어요.

초능력 단계:

협죽도

독을 품은 공포의 식물

이 놀라운 식물은 맹독을 품고 있어요.
그래서 초식 동물이 얼씬도 하지 못하지요.
아무리 배가 고파도 반드시 피해야 하는 무서운 식물이에요.

학명:
네리움 올레안데르
Nerium oleander

문: 속씨식물문
목: 용담목
과: 협죽도과

> 나폴레옹의 군대가 협죽도 가지에 구운 고기를 먹고 모두 중독된 적이 있었어요.

슈퍼 물질
예쁜 생김새 뒤에 맹독을 감추고 있어요. 이 식물은 뿌리와 줄기, 잎과 꽃 할 것 없이 모든 부위에 독이 들어 있어요. 협죽도 수액은 피부에 자극을 주고 눈에 들어가면 큰 통증을 주어요. 나머지 부분도 먹으면 구토, 복통, 배탈을 일으키고 많이 먹으면 심장에 문제를 일으킬 수도 있어요. 모르고 입에 넣었더라도 맛이 쓰고 불쾌해서 사람들이 잘 삼키지는 않지만 조심해야 해요. 어떤 식물도 확실히 아는 게 아니라면 열매든, 꽃이든, 잎이든 입에 넣거나 삼키지 않는 것이 좋아요.

슈퍼 인내력
사시사철 푸른 이 작은 나무는 나쁜 생장 환경에서도 꿋꿋하게 살아요. 협죽도가 자라는 지중해 지역에서 가뭄과 더위, 소금기가 많은 공기를 모두 버티고 견뎌 내지요.

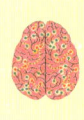

슈퍼 지능
협죽도의 독은 사실 자신을 지키는 훌륭한 도구예요. 해충이나 풀을 뜯는 초식 동물의 위협을 막아 주거든요. 하지만 한 가지 반전이 있어요. 이 식물은 몸 전체에 독이 있지만 꽃만큼은 독성이 약한 편이거든요. 꽃가루를 옮겨 주는 반가운 손님에게는 해를 끼치지 않겠다는 뜻이에요.

슈퍼 꽃
봄에 분홍, 노랑, 하양, 빨강의 꽃이 화려한 다발로 피는 이 식물은 늦여름에 꽃을 한 번 더 피워 빛깔 축제를 열어요.

협죽도는 주변 토양에서 납, 아연, 카드뮴 등의 오염 물질을 빨아들여요. 그래서 주변을 건강한 환경으로 만들지요.

크기
최대 높이 6미터.

색깔
1년 내내 초록색 잎이 자라고 분홍, 노랑, 하양, 또는 빨강 꽃이 피어요.

특이사항
어린줄기는 초록색으로 시작해서 점점 회색으로 변해요. 창 모양의 잎은 두껍고 빳빳해요.

수명
20~30년.

사는 곳
원래 지중해 지역의 식물이지만 오늘날에는 열대 기후나 아열대 기후 지역 대부분에서 자라요.

번식
씨로 번식해요. 이 식물의 작은 열매에는 갓털이라는 작은 낙하산이 달려 있어서 씨가 바람을 타고 멀리 잘 퍼져요.

천적
협죽도매나방(*Daphnis nerii*) 같은 곤충과 그 유충은 협죽도가 만드는 독에도 끔찍하지 않아요. 그래서 걱정하지 않고 그 잎을 먹을 수 있어요.

초능력 단계:

미모사

학명:
미모사 푸디카
Mimosa pudica

문: 속씨식물문
목: 콩목
과: 콩과

열대 우림에서 벌어진 완벽한 공연의 주인공

공연계의 슈퍼 스타인 이 작은 식물은 위협을 느끼면
잎을 접어서 닫아 버리고 시든 척해요.
그렇게 곤충의 입을 피하고 하루하루 용감하게 살아간답니다.

> 이 식물은 잎을 연달아 건드리면 그게 위협이 아니라는 것을 알고 잎을 닫지 않는대요.

슈퍼 감각 기관
잎을 살짝 건드리든, 흔들든, 심지어 바람만 불어도 이 예민한 식물은 제 잎을 번개처럼 반으로 접어 버려요. 그런 다음 잎자루를 축 늘어뜨려서 시든 척을 해요. 이 놀라운 공연은 죽은 잎보다 신선한 잎을 더 즐겨 먹는 곤충들로부터 자신을 보호하기 위한 속임수랍니다.

슈퍼 인내력
미모사는 어떤 토양이든 쉽게 자라는 편이고 해가 잘 드는 곳에서는 더 빨리 자라요. 이런 놀라운 적응력은 모두 미모사의 뿌리 덕분이에요. 질소는 식물이 자라는 데 꼭 필요해요. 보통 흙에 들어 있는 질소를 뿌리로 흡수하지요. 하지만 미모사는 공기 중의 질소로 자기에게 필요한 질소 화합물을 직접 만들기 때문에 질소가 부족한 흙에서도 잘 자라요.

미모사에는 여러 가지 치료 성분이 들어 있어요. 살이 베었을 때, 배가 아플 때, 신경에 문제가 생겼을 때, 뱀에게 물렸을 때 쓰여요.

슈퍼 스피드
미모사는 빠른 움직임을 보일 수 있는 몇 안 되는 식물이에요. 물체가 닿는 순간 몇 초 만에 잎을 닫아 버리지요. 이런 재빠른 동작은 잎의 세포 안에서 물의 압력 변화를 이용한 결과예요.

크기
높이는 최대 50센티미터(다른 식물에 지지하면 1미터까지 자랄 수 있어요.).

색깔
잎은 연한 초록색, 꽃은 연한 분홍색 또는 연한 보라색.

특이사항
이 식물은 가지에 가시가 있어서 몸을 보호해요.

수명
일반적으로 5년.

사는 곳
아메리카 대륙의 열대 우림 지역에 살아요.

번식
씨로 번식해요. 꼬투리열매를 많이 만드는데 그 안에 3~5개의 씨가 들어 있어요.

천적
이 식물은 특히 야생에서는 응애의 공격을 받기 쉬워요.

슈퍼 지능
미모사는 접촉했을 때만이 아니라 온도, 빛, 습기에도 반응해요. 밤이나 더위가 가장 심한 한낮에도 잎을 접어서 물기 빠져나가는 것을 막고, 날씨가 나쁠 때도 비바람을 피하기 위해서 잎을 접어요.

초능력 단계:
★ ★
★ ★

샌드박스

다이너마이트의 폭발력을 자랑하는 나무

모두 비켜요! 이 위험한 나무에는 독이 있고
몸은 날카로운 가시로 덮여 있어요.
그뿐이 아니에요. 열매가 익으면 폭발하기 때문에
가까이 있다가는 크게 다칠 수 있어요.

학명:
후라 크레피탄스
Hura crepitans

문: 속씨식물문
목: 말피기아목
과: 대극과

> 이 나무는 '원숭이도 오르지 못할 나무'로 알려졌어요. 가시 돋친 몸통을 밟고 올라가는 것은 불가능하니까요.

슈퍼 방어 능력
최고의 방어 능력을 자랑하는 이 나무는 반갑지 않은 방문객을 쫓아낼 여러 가지 방법이 있어요. 먼저 수액은 물론이고 나무껍질과 잎, 그리고 씨앗까지 나무의 모든 부분에 독성이 있어요. 그것으로도 모자라 샌드박스의 나무껍질은 원뿔 모양의 뾰족한 가시가 온통 뒤덮고 있답니다.

슈퍼 스피드
열매가 폭발할 때 그 안에 있던 씨는 초당 70미터라는 놀라운 속도로 날아가고 최대 45미터까지 이동해요. 덕분에 나무는 영양소, 물, 햇빛을 두고 다른 식물과 경쟁하지 않아도 되는 먼 곳에서 자랄 수 있어요.

슈퍼 인내력
이 튼튼한 나무는 소금기가 많은 땅을 포함해서 여러 종류의 토양에서 자라요. 오랜 가뭄이나 강한 바람에도 끄떡없고 작은 산불에도 문제없이 버틸 수 있어요.

슈퍼 열매
샌드박스의 독이 든 열매는 작은 호박처럼 생겼어요. 하지만 진짜 호박과 달리 익으면 폭발해요. 비가 많이 오고 난 후, 열매가 익는 철이 되면 나무에서 펑펑 터지는 큰 소리가 들려요. 엄청난 힘으로 씨앗을 공중에 날려 보내는 거예요.

이 나무의 거대한 잎은 주변에 자라는 식물에 고마운 그늘을 선사해요.

크기
높이는 최대 50미터, 나무줄기의 너비는 2미터, 가지는 20미터까지 길게 자라요. 열매 지름은 약 5~8센티미터.

색깔
나무줄기는 회색이고 검은색 가시가 박혀 있어요. 잎은 초록색, 열매와 꽃은 연두색이에요.

특이사항
가죽 같은 질감의 하트 모양 잎은 길이가 60센티미터까지 자라요.

수명
오래 사는 나무예요.

사는 곳
아메리카 대륙의 열대 지역, 특히 아마존 열대 우림과 오리노코강 분지에서 자라요. 오스트레일리아와 중앙아프리카 일부 지역에 사람들이 심은 후로 탄자니아, 케냐, 우간다에서는 침입성 식물이 되었어요.

번식
씨앗으로 번식해요. 나무마다 암꽃과 수꽃이 따로 피어요. 씨앗은 물에 떠다닐 수 있어서 홍수가 났을 때 물을 타고 널리 퍼져요.

천적
별다른 천적이 없는 무적의 나무랍니다.

초능력 단계:
★★★
★★

휘파람 가시나무

학명:
바켈리아 드레파놀로비움
Vachellia drepanolobium

문: 속씨식물문
목: 콩목
과: 콩과

사바나의 노래하는 나무

뾰족한 가시와 놀라운 화학 물질, 그리고 자기를 지켜 주는 용감한 개미 떼까지.
자기 방어의 최강자인 이 식물은 배고픈 동물을 막기 위해서라면 무슨 일이든 한답니다.

이 식물의 이름은 가시에 뚫린 구멍을 바람이 통과할 때 나는 오싹한 소리에서 따 왔어요.

슈퍼 방어 능력
휘파람 가시나무는 호시탐탐 잎과 가지를 노리는 동물로부터 자신을 보호하는 강침 모양의 가느다란 가시가 있어요. 잎에는 타닌이라는 물질이 들어 있는데 소화하기가 어려워요. 커다란 초식 동물들은 상관하지 않고 먹기도 하지만 작은 동물들은 가시도 적고 맛도 좋은 다른 간식을 찾아 발길을 돌려요.

슈퍼 협동 능력
이 나무는 특별한 개미와 상리 공생 관계예요. 양쪽 모두 이익을 얻는 관계이지요. 나무의 가시 밑에 둥근 혹이 자라는데 개미 군락이 이곳에 살면서 나무가 만드는 꽃꿀을 먹어요. 그 보답으로 개미는 배고픈 초식 동물로부터 나무를 지켜 주지요. 코끼리 같은 동물이 나무를 먹으러 오면 개미 떼가 나서서 사납게 공격하거든요. 이렇게 나무와 개미 모두 서로 도움을 주고 받아요.

슈퍼 인내력
이 강하고 다부진 나무는 이 지역에서 자주 일어나는 산불에도 끄떡없어요.

슈퍼 물질
휘파람가시나무는 화학 물질을 사용해 다른 나무와 소통하는 특별한 능력이 있어요. 여러 그루가 자라는 지역에서 한 나무가 동물의 공격을 받으면 일종의 냄새 신호로 주변의 다른 나무에게 위험을 알린답니다.

이 나무의 잎과 작은 나뭇가지는 사바나에 사는 초식 동물들에게 중요한 먹이원이에요.
특히 검은코뿔소와 기린이요.

크기
최대 6미터.

색깔
나무껍질은 회색, 잎은 초록색이고 연한 노란색 꽃이 피어요.

특이사항
이 나무에는 질소를 고정하는 능력이 있어요. 공기 중에 있는 질소를 유용한 질소화합물로 바꾸어 땅에 저장하기 때문에 토양이 비옥해져요.

수명
보통 최대 30년까지 살아요.

사는 곳
동아프리카의 사바나 지역에서 자라요.

번식
씨앗으로 번식해요. 씨는 길이 10~20센티미터의 꼬투리열매 안에 있어요.

천적
이 나무의 가장 큰 위협은 잎을 뜯어 먹는 커다란 초식 동물이에요. 농사를 짓고 도시를 개발하면서 나무를 베어 버리는 것도 문제랍니다.

초능력 단계:

북미사시나무

학명:
포풀루스 트레물로이데스
Populus tremuloides

문: 속씨식물문
목: 말피기아목
과: 버드나무과

거대한 숲이 된 나무

바람이 불면 수백만 개의 잎이 파닥거리며 바스락대는
거대한 북미사시나무 숲이 사실은 하나의 식물이라면 믿을 수 있나요?
지금부터 여러분은 세상에서 가장 큰 나무를 만나게 될 거예요.

북미사시나무는 가벼운 바람에도 파르르 떨리는 잎 때문에 영어로는 '몸을 떠는 나무'라고 해요.

슈퍼 수명
북미사시나무 복제 군락에서 각각의 나무는 시간이 지나면 죽어요. 하지만 계속해서 똑같은 복제 나무로 대체되기 때문에 결국 영원히 사는 셈이에요. 나이를 정확하게 측정하기가 어렵고 과학자들도 저마다 의견이 다르지만 낮게 잡아도 8,000년에서 1만 2,000년은 되었을 거예요.

슈퍼 이동 능력
북미사시나무 복제 군락은 부모로부터 80킬로미터 떨어진 곳까지 뿌리를 뻗어 새로운 나무줄기를 올려 보내요. 그만큼 넓은 땅을 차지할 수 있다는 뜻이지요. 이 나무의 작은 씨앗은 털로 덮여 있어서 바람을 타고 쉽게 멀리까지 날아가요.

슈퍼 뿌리
북미사시나무의 뿌리는 산불이 난 곳에서도 나무가 죽지 않고 다시 살아나게 하는 힘이 있어요. 땅속에서 안전하게 머물면서 땅 위의 무서운 불길에서 자신을 보호해요. 불이 모두 꺼지면 뿌리는 재빨리 새로운 싹을 틔우고 폐허가 된 숲에서 또다시 나무가 자라게 해요.

슈퍼 번식력
북미사시나무는 남다른 방식으로 번식해요. 부모 나무의 뿌리가 땅속에서 옆으로 뻗은 다음 새로운 줄기를 올려 보내거든요. 그래서 모든 나무의 유전자가 다 똑같답니다.

슈퍼 협동 능력
북미사시나무의 줄기는 각각 한 그루의 나무처럼 보이지만 사실은 하나의 거대한 생물이에요. 지하에서 엄청나게 큰 뿌리 시스템으로 연결되어 거대한 숲, 또는 '복제 군락'을 이루었지요. 미국 유타주의 피쉬레이크 국유림에는 43헥타르의 면적에 4만 7,000그루가 자라는 북미사시나무 군락이 있어요. 이 군락의 이름은 라틴어로 '나는 뻗어 나간다'라는 뜻의 '판도'이고 지구에서 가장 큰 생물이지요.

나비와 나방 유충이
북미사시나무의 잎을 먹고
살아요.

크기
최대 높이 35미터.

색깔
나무껍질은 회녹색. 잎의 밑면은 흰빛이 돌아요.

특이사항
잎은 하트 모양이고 가장자리에 톱니가 있어요. 잎자루가 길고 납작해서 바람이 조금만 불어도 잎을 파르르 떨어요.

수명
나무 한 그루는 최대 150년까지 살지만 복제 군락 전체는 수만 년이 넘게 살 수 있어요.

사는 곳
북아메리카 대륙의 시원한 지역.

번식
씨로 번식하지만 땅속에서 뿌리를 통해 복제로 수를 늘리는 경우가 더 많아요.

천적
와피티사슴 같은 야생 동물이나 가축이 잎을 너무 많이 뜯어 먹으면 뿌리에서 새로운 줄기가 잘 올라오지 못해요.

초능력 단계:
★★★
★★
★

웰위치아

학명:
벨비트스키아 미라빌리스
Welwitschia mirabilis

문: 마황문
목: 웰위치아목
과: 웰위치아과

살아 있는 화석

이 독특한 고대의 식물은 수천 년 동안 거의 모습이 변하지 않고 자라 왔어요. 이 진정한 생존자는 우리에게 과거의 세상에 대해 알려 준답니다.

나미브 사막의 상징인 이 식물은 나미비아의 국장*에 그려져 있어요.

*한 나라를 상징하는 공식적인 문양을 말해요.

슈퍼 수명
건조한 사막에 완벽하게 적응해서 어떤 식물은 나이가 2,000년 이상이라고 해요.

슈퍼 지능
기온이 아주 높고 비는 거의 오지 않는 나미브 사막 깊은 곳에 살기 위해 웰위치아는 물을 모으는 훌륭한 장비를 갖추었어요. 잎의 표면에는 기공이 많아서 안개나 이슬의 수분을 모을 수 있어요. 그 물은 깔때기 모양의 잎을 타고 식물의 뿌리 아래로 내려가지요.

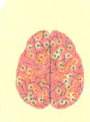

슈퍼 잎
이 독특한 식물은 잎이 딱 2개 있어요. 살아 있는 동안 내내 같은 잎을 달고 있지요. 이 잎은 바닥을 따라 매년 8~15센티미터 정도씩 천 년이 넘게 자라요. 잎은 잘게 끊어질 수도 있고, 모래 바람이 불면 잎끝에 상처도 나지만, 최대 6미터까지 커요.

슈퍼 뿌리
식물 한가운데에 길이가 9미터나 되는 곧은뿌리가 아래로 뻗어 있어요. 그 뿌리에서 돌이 많은 토양으로 잔뿌리들이 자라서 그물망을 이루죠. 그렇게 땅속으로 최대 30미터까지 들어갈 수 있어요.

슈퍼 협동 능력
웰위치아는 웰위치아벌레(학명: *Probergrothius angolensis*)라는 작은 곤충과 끈끈한 관계를 맺고 있어요. 이 작은 생물은 웰위치아에게 꽃가루받이를 해 주고 그 보답으로 이 식물의 수액을 먹어요.

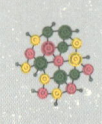

슈퍼 인내력
이 식물은 뜨거운 기온, 양분이 부족한 토양, 물이 거의 없는 환경에서도 살아남은 대단한 용사예요.

얼룩말, 오릭스, 검은코뿔소 같은 사막의 동물들이 웰위치아의 잎을 먹고 살아요. 뜨겁고 건조한 서식지에서 동물에게 물을 주는 소중한 식물이에요.

크기
최대 높이 약 1미터, 잎의 길이가 최대 6미터까지 펼쳐져요.

색깔
초록색 잎.

특이사항
물을 저장할 수 있는 목질의 나무줄기가 발달했어요.

수명
약 500년에서 600년. 가장 오래된 식물은 2,000살이나 된다고 알려졌어요.

사는 곳
아프리카 대륙 남서쪽 해안의 나미비아와 앙골라.

번식
씨로 번식해요. 씨에는 길이 약 2센티미터의 '날개'가 있어서 바람에 멀리 날아가요. 많게는 1만 개나 되는 씨를 만들지만 그중에 뿌리를 내리고 싹을 틔우는 것은 몇 개 안 돼요.

천적
기후 변화로 사막 환경이 점점 더 건조해지면서 웰위치아도 살기 어려워졌어요.

초능력 단계:
★ ★
★ ★

분개구리밥

학명:
볼피아 아르히자
Wolffia arrhiza

문: 속씨식물문
목: 택사목
과: 천남성과

작지만 강력한 번식가

고여 있거나 천천히 흐르는 물에 사는 이 수생 식물은
지구에서 가장 작은 꽃식물이에요.
하지만 조심해요. 금세 번식해서 물 위에 두꺼운 깔개를 덮어 버리거든요.

이 식물은 어찌나 작은지, 시침핀 머리에 분개구리밥을 12개나 올릴 수 있어요.

슈퍼 협동 능력
이 작은 식물은 많이 모여 사는 것을 좋아해요. 수천 개의 식물이 커다란 군락이 되어 물 위에 두꺼운 초록색 카펫을 덮어요.

슈퍼 지능
줄기도 뿌리도 없이 작은 잎만 있는 단순한 식물처럼 보이지만 분개구리밥의 내부 구조는 아주 복잡해요. 물 위에 떠서 햇빛을 받아 광합성하는 동시에 다른 영양소도 흡수할 수 있어요. 추위가 찾아오면 분개구리밥은 물속으로 가라앉아 날씨가 따뜻해질 때까지 휴면 상태로 기다려요.

슈퍼 이동 능력
식물은 대부분 토양에 뿌리를 내리거나 바위나 다른 식물에 붙어서 사는 등 어떤 식으로든 고정되어 있어요. 하지만 분개구리밥은 자기만의 규칙에 따라 살아요. 뿌리가 없어서 자유롭게 수면 위를 떠다니며 지내죠.

슈퍼 스피드
분개구리밥은 믿을 수 없을 만큼 빠르게 번식해요. 어린 식물이 자라서 번식하기까지 오래 걸리지 않아요. 환경이 좋다면 4일 만에 두 배로 늘어난답니다.

분개구리밥은 단백질 함량이 높아서 라오스, 태국, 미얀마 같은 동남아시아 국가에서는 슈퍼 푸드라고 불려요.

크기
길이 0.8~1.3밀리미터, 무게 약 0.5그램.

색깔
짙은 초록색.

특이사항
이 식물이 맺는 열매는 너무 작아서 맨눈으로 볼 수 없어요.

수명
한 달도 안 되는 짧은 시간에 생활사*를 마쳐요.

*한 식물이 씨에서 시작해 자라고 꽃이 피고 열매와 씨를 맺고 죽기까지의 과정을 말해요.

사는 곳
말레이시아와 오스트레일리아에서 자생해요. 그밖에도 전 세계의 따뜻하고 해가 잘 드는 지역에 넓게 퍼져 있어요.

번식
씨로도 번식하지만 주로 복제를 통해서 번식해요.

천적
자연 서식지가 파괴되면서 야생에서 자라기가 어려워졌어요.

지은이 **솔레다드 로메로 마리뇨**
스페인 바르셀로나에 있는 예술 학교에서 그래픽 디자인을 공부했습니다. 디자인과 출판 중 고민하다 둘 다 하기로 결심했답니다. 큰 광고 회사에서 아트 디렉터로 일하며 책을 만들고 있어요. 쓴 책으로는 《나의 우주에는 마법 바퀴가 있어요》《세상을 바꾼 놀라운 발명 기막힌 실수!》《동물들의 슈퍼 파워》 등이 있습니다.

그린이 **소니아 풀리도**
스페인 바르셀로나와 가까운 해변 마을에 사는 화가입니다. 풀리도의 삽화는 〈뉴요커〉〈뉴욕 타임즈〉를 포함한 전 세계의 출판물과 잡지에 실리고 있습니다. 그린 책으로는 《조개 이야기》《동물들의 슈퍼 파워》 등이 있습니다.

옮긴이 **조은영**
서울대학교 생물학과를 졸업하고, 서울대학교 천연물과학대학원과 미국 조지아대학교 식물학과에서 공부했어요. 어려운 과학책은 쉽게, 쉬운 과학책은 재미있게 우리말로 옮기고 있어요. 옮긴 책으로 《파브르 식물기》《팩토피아》《거북의 시간》《60초 과학》《새들의 방식》《허리케인 도마뱀과 플라스틱 오징어》《생명의 태피스트리》《10퍼센트 인간》《동물들의 슈퍼 파워》 등이 있습니다.

귀쫑긋 지식 그림책

식물들의 슈퍼 파워

1판 1쇄 발행 2025년 6월 10일
지은이 솔레다드 로메로 마리뇨 • 그린이 소니아 풀리도 • 옮긴이 조은영

펴낸곳 토끼섬 • **펴낸이** 오성희 • **책임편집** 한라경 • **디자인** 이든디자인
주소 경기도 파주시 가람로 116번길 107, 821호 • **전화** 031-942-7001
팩스 0504-282-7790 • **등록** 제406-2021-000002호
이메일 tokkiseom@naver.com • **인스타그램** @tokkiseom_book
ISBN 979-11-990197-7-5 77480

Plant Superpowers
by Soledad Romero Mariño and Sonia Pulido
ⓒZAHORÍ DE IDEAS, S.L. 2024
ALL RIGHTS RESERVED
This edition was published by arrangement with Icarias Agency, Korea.
이 책의 한국어판 저작권은 Icarias Agency를 통해 ZAHORÍ DE IDEAS, S.L.와 독점 계약한 도서출판 토끼섬에 있습니다.

* 본 책은 저작권법에 의해 보호를 받는 저작물이므로 무단 전재와 복제를 금합니다.
* KC마크는 이 제품이 공통안전기준에 적합하였음을 의미합니다.